AF498141

ARISTÉE,

EPISODE

DU QUATRIEME LIVRE

DES GEORGIQUES.

Longè sequere, & vestigia semper adora.
Stat. Thebaid. liv. 12.

M. DCC. L.

ARISTÉE.

EPISODE

DU IV. LIVRE DES GEORGIQUES.

O Toi, dont les Chanſons par les Gra-
ces dictées,
Du tems, qui détruit tout, ont été
reſpectées :
Favori d'Apollon, dont la Muſe autrefois
Célebroit Pan, Cérès, Bacchus, Faune & les
Bois :
Toi, la gloire du Tibre & l'honneur de Man-
toue,
Qu'inſpira Théocrite, & qu'Héſiode avoue :

A

2

Je t'invoque aujourd'hui ; viens , échauffe mes
    sens :
Rends mes foibles accords dignes de tes accens ;
Embraze mon esprit du feu de ce Génie
Qui de l'Art des beaux Vers enrichit l'Ausonie ;
Fit sentir aux Romains des charmes inconnus
Au récit des combats d'Enée & de Turnus ;
Et sublime , touchant , harmonieux & juste ,
Fut le rival d'Homére , & le chantre d'Auguste.
Assez d'autres toujours glacés dans leurs transf-
    ports ,
Ont fait , pour t'égaler , d'inutiles efforts.
Leur chute est ma leçon : le ciel en a fait naître
Peu d'excellens dans l'Art où tu régnes enMaître.
A Delphes, chez Ammon , tous peuvent con-
    sulter :
Mais le trépied pour tous ne doit pas s'agiter.
Dodone n'admet point de populace vile ,
Et sans le rameau d'or on n'a point la Sibylle.
Puissé-je , de tes Vers heureux imitateur ,
Conserver dans les miens ton esprit créateur ;
Et la trompette en main publiant tes merveilles,

Dans les Fastes François consacrer tes abeilles :
Suivre Caro, Dryden, chez la postérité,
Avec eux partager ton immortalité.
Mais osons sur leurs pas entrer dans la carriere,
Calliope à ton nom m'en ouvre la barriere :
L'ombre fuit, se dissipe, & fait place aux rayons,
Et déja les neuf Sœurs préparent mes crayons.

ARISTÆUS.

Aſtor Ariſtæus, fugiens Peneïa Tempe,
Amiſſis, ut fama, apibus morbo-
que fameque
Triſtis ad extremi ſacrum caput adſtitit amnis,
Multa querens ; atque hac affatus voce paren-
tem :
Mater Cyrene, mater, quæ gurgitis hujus
Ima tenes ; quid me præclara ſtirpe Deorum
(Si modo, quem perhibes, pater eſt Thym-
bræus Apollo)
Inviſum fatis genuiſti ? aut quò tibi noſtri
Pulſus amor ? quid me cœlum ſperare jubebas ?
En etiam hunc ipſum vitæ mortalis honorem,
Quem mihi vix frugum & pecudum cuſtodia
ſolers
Omnia tentanti extuderat, te matre, relinquo.
Quin age, & ipſa manu felices erue ſylvas :

ARISTÉE.

DES caprices du fort victime infortunée,
Ariſtée abordant aux ſources du Pénée
Déploroit agité de mille ſoins divers,
Ses Abeilles en proie au plus affreux
revers,
Et laiſſoit exhaler à ſa douleur amere
La plainte qu'en ces mots il adreſſe à ſa mere :
O vous qu'à mes regards dérobent ces roſeaux !
Cyrene qui regnez ſur ces paiſibles eaux,
Si de vous & du Dieu qu'à Delos on encenſe,
Il eſt vrai qu'Ariſtée ait reçu la naiſſance :
Pourquoi m'abandonner aux Deſtins ennemis ,
Et me fermer ce Ciel que vous m'aviez promis ?
D'où vient que cet amour & ſi juſte, & ſi tendre,
A votre cœur hélas ! ne ſe fait plus entendre ?
Dois-je perdre ce bien pour moi ſi glorieux,
Ces champs & ces troupeaux qui me ſont pré-
cieux ?
Aurai-je par mes ſoins & par ma diligence ,
Vainement de mon Art acquis l'intelligence ?
De ma culture envain enrichi ces guérets
Et forcé la Nature à trahir ſes ſecrets ?

Fer ſtabulis inimicum ignem, atque interfice
  meſſes :
Ure ſata, & validam in vites molire bipennem,
Tanta meæ ſi te ceperunt tædia laudis.

  At mater ſonitum thalamo ſub fluminis alti
Senſit : eam circum Mileſia vellera Nymphæ
Carpebant, hyali ſaturo fucata colore :
Drymoque, Xanthoque, Ligeaque, Phillo-
  doceque,
Cæſariem effuſæ nitidam per candida colla :
Neſæe, Spioque, Thaliaque, Cymodoceque,
Cydippeque, & flava Lycorias (altera virgo,
Altera tum primos Lucinæ experta labores)
Clioque, & Beroë ſoror, Oceanitides ambæ,
Ambæ auro, pictis incinctæ pellibus ambæ ;
Atque Ephyre, atque Opis, atque Aſia Deïo-
  peia ,
Et tandem poſitis velox Arethuſa ſagittis.

  Inter quas curam Clymene narrabat inanem
Vulcani, Martiſque dolos, & dulcia furta ;
Atque Chao denſos Divum numerabat amores.
Carmine quo captæ, dum fuſis mollia penſa
Devolvunt, iterum maternas impulit aures
Luctus Ariſtæi, vitreiſque ſedilibus omnes
Obſtupuere : ſed ante alias Arethuſa ſorores

Ce sont là mes travaux, peux-tu les méconnaître ?
Arrache donc ces bois que ton fils a vû naître :
Fais périr mes brebis d'un feu contagieux,
Embraze mes moissons par la foudre des Dieux :
Séche ces prés, ces fleurs d'un souffle qui les tuë.
Que la vigne soudain sous la hache abbatuë
Meure avec ses raisins : que tout tombe en lan-
    gueur ,
Si la gloire d'un fils ne touche plus ton cœur.
A ces cris parvenus dans son humide empire,
Les flots en sont émus, & Cyrene en soupire.
Les Nymphes à l'envi l'entourent sous les eaux.
La laine de Milet brille sur leurs fuseaux,
Et l'azur, qui se mêle à la pourpre éclatante,
Fait naître sous leurs doigts la trâme étincelante.
Lycoris dont Lucine a comblé les desirs ,
Et la belle Cydippe , à l'âge des plaisirs ,
Au culte de Diane à jamais consacrée,
Font de leurs blonds cheveux une tresse dorée ;
Et le zéphir léger qui folâtre à l'entour ,
Sur les lis de leur sein voltige avec l'amour.
Ligée & Béroë, deux Nymphes accomplies,
Du sein de l'Océan l'une & l'autre sorties ,
De peaux rares d'Hermine, & de Marte ont fait
    choix ,
Et des agraffes d'or soutiennent leurs carquois ,
Ephire avec Opis, & des bords de l'Asie
Depuis peu Dejoppée à ses sœurs réünie.
On y voit arriver Arethuse sans dards,
De Diane à jamais quittant les étendards ,
Climéne de la voix accompagnant sa lyre ,
Du jaloux Dieu du feu célébroit le délire ,
A iv

Prospiciens summâ flavum caput extulit undâ.
Et procul : O gemitu non frustra exterrita tanto,
Cyrene soror ; ipse tibi , tua maxima cura ,
Tristis Aristæus , Penei genitoris ad undam
Stat lacrymans , & te crudelem nomine dicit.
Huic perculsa nova mentem formidine mater :
Duc age , duc ad nos ; fas illi limina Divûm
Tangere , ait. Simul alta jubet discedere late
Flumina , quà juvenis gressus inferret : at illum
Curvata in montis faciem circumstetit unda ,
Accepitque sinu vasto , misitque sub amnem.
Jamque domum mirans genitricis , & humida
    regna ,
Speluncisque lacus clausos , lucosque sonantes ,
Ibat , & ingenti motu stupefactus aquarum ,
Omnia sub magna labentia flumina terra
Spectabat diversa locis , Phasimque , Lycum-
    que ,
Et caput ; unde altus primum se erumpit Eni-
    peus ,
Unde pater Tyberinus, & unde Aniena fluenta,
Saxosùmque sonans Hypanis , Mysusque Caï-
    cus ,
Et gemina auratus taurino cornua vultu
Eridanus , quo non alius per pinguia culta

Et ces tendres larcins que Mars, d'amour épris,
Fit envier aux Dieux dans les bras de Cypris :
Elle chantoit comment cette troupe immortelle,
Aux Déesses cent fois s'est montrée infidelle ,
Depuis que Jupiter débrouillant le cahos ,
Créa le mouvement dans le sein du repos.
Tandis qu'à ces concerts Cyrene est attentive ,
D'Aristée elle entend gémir la voix plaintive ,
Les Nimphes à ses cris frissonnent sous les eaux
Et se cachent en foule au milieu des roseaux.
Seule parmi ses sœurs , quoique l'effroi la glace ,
De se montrer alors Aréthuse a l'audace ,
Et de loin : tu l'entends ! dit-elle , ce berger ,
Cyrene , par pitié , songe à le soulager
Au nom des immortels adoucis ses allarmes ,
C'est ton fils : pourrois-tu résister à ses larmes ?
Ouï , ton fils, de Pénée implorant la bonté ,
Prend à témoin le Ciel contre ta cruauté.
Daigne le secourir. De douleur pénétrée ,
Qu'on ait soin de mon fils, dit la mere éplorée ;
Aréthuse , conduis ce gage précieux ,
Il est né pour entrer dans le Palais des Dieux ;
Au devant de mon fils vole sur le rivage :
Que les flots à ma voix s'ouvrent sur son passage.
A cet ordre soudain abandonnant son lit ,
Le Fleuve divisé s'entasse & s'épaissit :
Et le centre entr'ouvert de son onde arrêtée
Trace entre ces deux monts le sentier d'Aristée.
Ce Berger du destin admirant les décrets ,
Aborde avec transport ces liquides Palais.
Il est surpris de voir dans ces grottes profondes
Tous les Fleuves puiser la source de leurs ondes:

In mare purpureum violentior influit amnis.
   Postquam est in thalami pendentia pumice
      tecta
Perventum, & nati fletus cognovit inanes
Cyrene, manibus liquidos dant ordine fontes
Germanæ, tonsisque ferunt mantilia villis.
Pars epulis onerant mensas, & plena reponunt
Pocula : Panchæis adolescunt ignibus aræ.
Et mater : Cape Mæonii carchesia Bacchi :
Oceano libemus, ait. Simul ipsa precatur
Oceanumque patrem rerum, Nymphasque so-
      rores,
Centum quæ sylvas, centum quæ flumina ser-
      vant.
Ter liquido ardentem perfudit nectare Vestam:
Ter flamma ad summum tecti subjecta reluxit;
Omine quo firmans animum, sic incipit ipsa :
   Est in Carpathio Neptuni gurgite vates,
Cæruleus Proteus, magnum qui piscibus æquor
Et juncto bipedum curru metitur equorum.
Hic nunc Emathiæ portus, patriamque rivisit
Pallenen : hunc & Nymphæ veneramur, &
      ipse
Grandævus Nereus : novit namque omnia va-
      tes,

Les grands Lacs en sortir ainsi que les Marais,
De l'humide élement s'élever des forêts,
Et d'entendre le choc des vagues mutinées
A travers les rochers dans leur lit entraînées.
D'ici sort le Lycus, le Phaze, dont les eaux
Pour la table des Rois nourrissent des oiseaux :
De-là part l'Enippée, & son onde chérie
Arrose en serpentant les prés de Thessalie.
Le Teveron, le Tibre en sa source formés,
Que la gloire de Rome a rendus renommés,
L'Hypanis dont la vague à travers les montagnes
Fait rouler les rochers au milieu des campagnes,
Le Caïque & Misus le fleuve au front doré,
Où le fils du Soleil de ses Sœurs fut pleuré ;
Qui grossi des torrens que son cours précipite,
S'élance impétueux jusqu'au sein d'Amphitrite.
    A peine le Berger entre dans ce Palais,
Où la Nacre au Corail joint ses riches attraits :
Sous la voute brillante où Cyrene repose,
Qu'une écaille émaillée, embellit & compose,
A peine il l'entrevoit : ses tendres mouvemens
Confondent ses soupirs dans ses embrassemens.
A l'instant, par les soins des Nymphes empres-
    sées,
Des tables de Crystal devant lui sont dressées ;
Et montrant à l'envi leur zéle officieux,
Elles servent les mets les plus délicieux.
Les unes dans l'or pur lui versent l'ambroisie :
Les autres font brûler les Parfums d'Arabie.
Cyrene prend alors une coupe, & sa main
La presente à son fils pour épancher le vin.
Elle offre à l'Océan, de l'Univers le pere,

Quæ fint , quæ fuerint , quæ mox ventura tra-
  hantur.
Quippe ita Neptuno vifum eft , immania cujus
Armenta , & turpes pafcit fub gurgite phocas.
Hic tibi , nate , priùs vinclis capiendus , ut
  omnem
Expediat morbi caufam , eventufque fecundet.
Nam fine vi non ulla dabit præcepta , neque
  illum
Orando flectes : vim duram & vincula capto
Tende : doli circum hæc demum frangentur
  inanes.
Ipfa ego te, medios cum Sol accenderit æftus ,
Cum fitiunt herbæ , & pecori jam gratior um-
  bra eft ,
In fecreta fenis ducam , quo feffus ab undis
Se recipit; facilè ut fomno aggrediare jacentem.
Verùm ubi correptum manibus, vinclifque te-
  nebis ,
Tum variæ illudent fpecies, atque ora ferarum:
Fiet enim fubitò fus horridus , atraque tigris ,
Squamofufque draco, & fulva cervice leæna;
Aut acrem flammæ fonitum dabit , atque ita
  vinclis
Excidet ; aut in aquas tenues dilapfus abibit.

Sur l'autel de Vesta, ses vœux & sa priere :
Et trois fois du nectar le brazier arrosé,
Fait paroître trois fois le lambris embrasé.
Par ce présage heureux ranimant Aristée ,
Près de Rhodes, dit-elle, est une Isle où Protée,
De Thétis, sur son char fendant les flots amers,
Au gré de ses coursiers, monstres sortis des mers,
Va revoir aujourd'hui Palléne sa Patrie ,
Et les ports qu'aux Vaisseaux ofire la Thessalie.
Le vieux Nérée , & nous filles des immortels ,
Allons de ce Devin encenser les Autels.
Du passé , du présent , il a la connaissance ;
Ses yeux de l'avenir pénetrent la sçience.
C'est le don précieux qu'il tient du Dieu des eaux,
Qui l'a chargé du soin de garder ses troupeaux.
Pour obtenir, mon fils, qu'il soulage tes peines,
Tu dois saisir Protée, & le charger de chaînes ;
Sans ce secours puissant c'est le prier en vain :
Pour l'apprendre, il lui faut arracher le destin.
Moi-même, quand Phébus du haut de sa carriére,
Des feux de son midi lancera la lumiére ,
Lorsque de ses rayons il séchera les fleurs ,
Que les nombreux troupeaux brulés de ses cha-
     leurs ,
Pour la fraîcheur des eaux quittant les pâturages,
Près des saules viendront bondir sous les om-
     brages ,
Je veux te le livrer , dès qu'au sortir des flots
Le sommeil sur ses yeux versera ses pavots ;
Et qu'enfin éloigné de l'Empire de l'Onde ,
Il aura fui le jour dans sa grotte profonde ;
Mais aussitôt, mon fils, que Protée en ces lieux

Sed quantò ille magis formas se vertet in om-
    nes ,
Tantò , nate , magis contende tenacia vincla;
Donec talis erit mutato corpore , qualem
Videris , incepto tegeret cùm lumina somno.
Hæc ait , & liquidum ambrosiæ diffudit odo-
    rem ,
Quo totum nati corpus perduxit : at illi
Dulcis compositis spiravit crinibus aura ,
Atque habilis membris venit vigor. Est specus
    ingens
Exesi latere in montis , quò plurima vento
Cogitur , inque sinus scindit sese unda reduc-
    tos ,
Deprensis olim statio tutissima nautis.
Intus se vasti Proteus tegit obice saxi.
Hîc juvenem in latebris aversum à lumine
    Nympha
Collocat : ipsa procul nebulis obscura resistit.
  Jam rapidus torrens sitientes Sirius Indos
Ardebat cælo , & medium Sol igneus orbem
Hauserat : arebant herbæ , & cava flumina siccis
Faucibus ad limum radii tepefacta coquebant,
Cùm Proteus consueta petens è fluctibus antra
Ibat : eum vasti circum gens humida ponti

Sentira le sommeil appefantir fes yeux,
Bravez par des liens fes détours & fa fuite;
Que fon illufion céde à votre pourfuite.
En vain, pour vous tromper par fes enchante-
      mens,
Il varie à l'éxcès l'Art des déguifemens.
Fugitif, & jamais fous fa forme ordinaire,
De Lion, Sanglier, Tigre, Dragon, Panthére,
Devenu tout-à-coup Arbre, Feu dévorant,
A vos yeux étonnés il s'échappe en torrent,
Et de tous ces objets empruntant la figure,
Se montre, & difparoît par une autre impofture,
Par des liens plus forts devenez fon vainqueur;
Rendez vains les fecrets de fon Art enchanteur:
Et que las, épuifé par fon effort extrême,
Protée à vos regards reparoiffe lui-même.

    Elle dit, & répand fur ce Fils précieux
Les parfums immortels, & la force des Dieux.
Dans les flancs d'un rocher, où la vague agitée,
De l'abyfmc profond jufques au ciel portée,
Forme à l'aide des flots par Eole brifés,
A l'abri de l'écüeil, deux golphes divifés,
Eft une antre paifible où, fuyant les orages,
Le Nautonnier prudent évite les naufrages,
Et loin des Aquilons, déchaînés fur les eaux,
Trouve ce calme fûr que cherchent les vaiffeaux.
Au fond de ce rocher, retraite de Protée,
Cyrene loin du jour fait cacher Ariftée,
Et d'un nuage épais ceinte de toutes parts,
La Nymphe en s'éloignant fe dérobe aux regards.
    Déja du haut des cieux l'Aftre qui nous éclaire,
Du feu de fes rayons embrafoit l'hémifphére.

Exfultans, rorem late difpergit amarum.
Sternunt fe fomno diverfæ in littore phocæ.
Ipfe, velut ftabuli cuftos in montibus olim,
Vefper ubi è paftu vitulos ad tecta reducit,
Auditifque lupos acuunt balatibus agni,
Confidit fcopulo medius, numerumque re-
    cenfet.

Cujus Ariftæo quoniam eft oblata facultas,
Vix defeffa fenem paffus componere membra,
Cum clamore ruit magno, manicifque jacen-
    tem
Occupat. Ille fuæ contrà non immemor artis,
Omnia transformat fefe in miracula rerum,
Ignemque, horribilemque feram, fluviumque
    liquentem.
Verùm ubi nulla fugam reperit fallacia, victus
In fefe redit, atque hominis tandem ore lo-
    cutus.
Nam quis te, juvenum confidentiffime, noftras
Juffit adire domos? quidve hinc petis, inquit?
    At ille:
Scis, Proteu, fcis ipfe; neque eft te fallere
    cuiquam:
Sed tu define velle. Deûm præcepta fecuti
Venimus hunc lapfis quæfitum oracula rebus.
                                Tantum

A Sirius déja son char abandonné,
Brûloit dans son midi l'Indien bazané.
Il séchoit les moissons dans son ardente course :
Les fleuves enflâmmés bouillonnoient dans leur
    source,
Et les champs dévorés de ses vives chaleurs,
De Flore avoient perdu l'émail & les couleurs,
Quand Protée, abordant sur la rive prochaine
Voit bondir près de lui la pesante Baleine,
Qui, lançant dans les airs l'Onde par ses naseaux,
De sa chute à grand bruit fait écumer les eaux.
Des monstres de la mer, le bizarre assemblage
Se livre au doux sommeil, épars sur le rivage ;
Et Protée, entouré de ce troupeau chéri,
De Neptune paroît le pasteur favori.
Tel qu'on voit un berger, lorsque Vesper s'aproche,
Rassembler ses brebis du sommet d'une roche,
Cessant pour les compter d'enfler son chalumeau,
Des pâturages verds ramener son troupeau,
Tandis que les agneaux bêlans dans la prairie,
Des hurlemens des Loups irritent la furie.
Du souverain des eaux, à peine le pasteur
Des pavots du sommeil goûte-t-il la douceur,
Que pressé d'accomplir le projet qu'il médite,
Aristée à grands cris sur lui se précipite,
Et que pour prévenir ses changemens divers,
Il le serre en ses bras, & le charge de fers.
Protée alors s'éveille, & de son Art propice
Variant à propos le magique artifice,
Cherche, pour s'échaper, mille secrets détours,
Des charmes de son Art épuise le secours,
Et d'un monstre terrible empruntant la figure,

B

Tantum effatus. Ad hæc Vates vi denique
    multa ,
Ardentes oculos intorfit lumine glauco ;
Et graviter frendens , fic fatis ora refolvit :
    Non te nullius exercent numinis iræ ;
Magna luis commiffa : tibi has miferabilis Or-
    pheus
Haud quaquam ob meritum pœnas , nifi fata
    refiftant ,
Sufcitat , & rapta graviter pro conjuge fævit.
    Illa quidem , dum te fugeret per flumina
    præceps ,
Immanem ante pedes hydrum moritura puella
Servantem ripas alta non vidit in herba.
At chorus æqualis Dryadum clamore fupre-
    mos
Implerunt montes : flerunt Rhodopeïæ arces ,
Altaque Pangæa , & Rhefi Mavortia tellus ,
Atque Getæ , atque Hebrus , atque Actias
    Orithyia.
Ipfe cava folans ægrum teftudine amorem ,
Te , dulcis conjux , te folo in littore fecum ,
Te , veniente die , te , decedente , canebat.
Tænarias etiam fauces , alta oftia Ditis ,
Et caligantem nigra formidine lucum

Devient Hidre, Rocher, Flâme, Onde qui mur-
    mure ,
Mais forcé, fans efpoir, il fuccombe à la fin
Redevenu Protée, & céde à fon deftin.
Quelle audace, dit-il, & queile confiance,
D'ofer braver un Dieu, t'infpire l'infolence ?
Qui t'améne vers moi, jeune préfomptueux ?
Et quels font tes deffeins, ton attente, & tes vœux ?
O toi, qui fur ces bords peux du fils de Pénée
Eclaircir à ton gré l'obfcure deftinée,
Dieu puiffant, dont je viens encenfer les autels,
Pardonne ; j'accomplis l'ordre des immortels.
C'eft le Ciel, dont la Loi doit être refpectée,
Qui fur mon trifte fort fait confulter Protée.
Réponds à cette voix. Le Devin furieux,
Par la rage à ces mots fent embrafer fes yeux,
Et plein du défefpoir dont l'accès le poffède :
Si je t'apprends ton fort, c'eft aux Dieux que je
    céde :
Reconnois, lui dit-il, qu'il eft un Ciel vengeur,
Et que ton crime affreux furpaffe fa fureur.
C'eft Orphée, ouï c'eft lui dont l'ombre venge-
    reffe
Attachée à tes pas, te pourfuit & te preffe ,
C'eft lui dont tu caufas le déplorable fort ,
Euridice fuyoit ton violent tranfport ,
Lorfqu'un ferpent caché fous la rive fleurie ,
Dans le fein des amours la priva de la vie.
Mais dans leur châtiment les Dieux encor trop
    doux ,
N'ont pas fur tes forfaits mefuré leur courroux.
Euridice mourut, les Nymphes fes compagnes

Ingreſſus , Maneſque adiit , Regemque tre-
　　mendum ,
Neſciaque humanis precibus manſueſcere cor-
　　da.
　　At cantu commotæ Erebi de ſedibus imis
Umbræ ibant tenues , ſimulacraque luce ca-
　　rentum ;
Quàm multa in ſylvis avium ſe millia con-
　　dunt.
Veſper ubi , aut hybernus agit de montibus
　　imber :
Matres atque viri , defunctaque corpora vitâ
Magnanimûm heroum , pueri , inuptæque
　　puellæ ,
Impoſitique rogis juvenes ante ora parentum ;
Quos circùm limus niger , & deformis arun-
　　do
Cocyti , tardâque palus innabilis undâ
Alligat , & novies Styx interfuſa coercet.
　　Quin ipſæ ſtupuere domus , atque intima
　　lethi
Tartara cæruleoſque implexæ crinibus an-
　　gues
Eumenides ; tenuitque inhians tria Cerberus
　　ora ,

Firent de leurs fanglots retentir les montagnes.
Rhodope en fes rochers fut ému de leurs cris :
Les Thraces inhumains parurent attendris.
Pangée en foupira : les fauvages contrées
Des Getes, & de l'Hébre en furent pénétrées.
Le froid climat de l'Ourfe y mêla fes douleurs,
Et toute la nature en répandit des pleurs.
Le tendre fouvenir d'une époufe ravie,
Dans ces déferts, Orphée, où tu traînois ta vie,
Des plus triftes accens t'infpirant le fecours,
A ta Lyre faifoit foupirer tes amours :
Et foit que le foleil, précipité dans l'Onde,
Aux Aftres de la nuit, laiffe éclairer le monde,
Ou que de fes rayons la force & la clarté,
De la voute des Cieux perce l'obfcurité,
Dévoré des regrets qui caufent fon fupplice,
Sans ceffe cet époux pleure fon Euridice.
Aux gouffres des enfers il dirige fes pas,
Affronte fans effroi l'empire du trépas,
Il ofe pénétrer ces forêts ténébreufes,
Qu'une éternelle horreur rend encor plus affreu-
    fes.
Il ofe avec tranfport s'approcher de Pluton,
Dans fon antre aborder la barbare Alecton.
A fes tendres chanfons, de leurs demeures fom-
    bres,
A flots tumultueux on voit fortir les ombres,
Accourir des enfers les pâles habitans,
Dans le vuide & la nuit, fimulacres errans.
Ainfi, lorfque les vents déchaînés fur la terre
Confondent les éclairs, la grêle, & le tonnerre ;
Le peuple ailé des airs vole au fond des forêts,

Atque Ixionii vento rota conftitit orbis.

*

Jamque pedem referens , cafus evaferat om-
    nes ,
Redditaque Eurydice fuperas veniebat ad
    auras ,
Pone fequens (namque hanc dederat Profer-
    pina legem)
Cùm fubita incautum dementia cepit aman-
    tem ,
Ignofcenda quidem, fcirent fi ignofcere Manes.
Reftitit , Eurydicemque fuam jam luce fub
    ipfa ,
Immemor, heu ! victufque animi refpexit : ibi
    omnis
Effufus labor , atque immitis rupta tyranni
Fœdera : terque fragor ftagnis auditus Averni.
Illa, quis & me , inquit , miferam , & te per-
    didit , Orpheu ?
Quis tantus furor ? en iterum crudelia retro
Fata vocant, conditque natantia lumina fom-
    nus.

En foule se cacher sous les arbres épais.
Des champs Elisiens les riantes prairies
Rassemblent à sa voix des épouses chéries,
Dont le cœur même encor fidéle à leur époux
Est ému de tendresse à des accens si doux.
On y voit accourir des Héros magnanimes ,
De Bellone & de Mars , généreuses victimes ,
Des Princes moissonnés au printems de leurs
    jours ,
De leurs peuples heureux la gloire & les amours.
On voit près d'un bucher des meres éplorées ,
Suivre dans le tombeau leurs filles adorées.
L'Onde noire du Styx , & ses marais bourbeux
Qui baignent ce séjour de leurs flots limoneux ,
Y forment neuf remparts dont l'épaisse barriére
Sépare pour jamais la nuit de la lumiére.
A peine de sa lyre on entend les accords ,
Les manes sont émus dans l'empire des morts.
Au milieu des serpents Thisiphone ravie
Sent naître la douceur au sein d'une furie.
De Cerbere en fureur les triples heurlemens
Font place tout à coup à des ravissemens.
Ixion soulagé sent sa rouë arrêtée ;
* *Le Vautour dévorant épargne Prométhée ,*
Et surpris de goûter un bien inattendu ,
Sisiphe respira sur son roc suspendu.
Echappé des périls qui menaçoient sa tête ,
Orphée en ramenant après lui sa conquête
Avoit fait le serment , au Roi de noir séjour ,
De ne la regarder qu'à la clarté du jour.
Lorsqu'en proie aux transports du desir qui le
    presse ,   B iv

Jamque vale : feror ingenti circumdata nocte
Invalidafque tibi tendens, heu ! non tua, pal-
    mas.

Dixit, & ex oculis fubitò, ceu fumus in auras
Commixtus tenues, fugit diverfa : neque illum
Prenfantem nequicquam umbras, & multa
    volentem

Dicere, præterea vidit ; nec portitor Orci
Ampliùs objectam paffus tranfire paludem
Quid faceret ? quò fe rapta bis conjuge ferret ?
Quo fletu Manes, quo Numina voce move-
    ret ?

Illa quidem Stygiâ nabat jam frigida cymbâ.
    Septem illum totos perhibent ex ordine men-
    fes

Rupe fub aëria, deferti ad Strymonis undam,
Fleviffe, & gelidis hæc evolviffe fub antris,
Mulcentem tigres, & agentem carmine quer-
    cus.

Qualis populea mœrens Philomela fub umbra
Amiffos queritur fœtus, quos durus arator
Obfervans nido implumes detraxit : at illa
Flet noctem, ramoque fedens miferabile car-
    men

Integrat, & mœftis late loca queftibus implet.

Par un éxcès d'amour parjure à sa promeſſe,
Il s'arrête, & tourné vers celle qui le ſuit
Regarde en ſoupirant l'objet qui le ſéduit,
Faute aux yeux de l'amour pardonnable & lé-
  gére.
Mais eſt-il de pardon dans le cœur de Mégére ?
Dès ce moment hélas ! tout fut perdu pour toi ;
De Pluton tu ſubis la rigoureuſe Loi,
Ton amour, ta douleur, ton courage, ta peine,
Rien ne put de ce Dieu fléchir l'ame inhumaine.
Des enfers tout à coup la voute s'ébranla,
Et du Styx par trois fois la vague recula.
Je te perds, cher Orphée, ah ! s'écrie Euridice,
Le Ténare ſous moi r'ouvre ſon précipice.
Pour te ſuivre, je fais d'inutiles efforts.
Le barbare deſtin me rend aux ſombres bords.
Non : je n'eſpére plus de revoir la lumiére.
Le ſommeil du trépas vient fermer ma paupiére.
Pour te rejoindre hélas ! mes bras ſont ſuperflus :
Cher Orphée, on m'entraîne ; adieu : je ne ſuis
  plus.
Elle dit, & ſoudain rendue à la nuit ſombre,
Aux yeux de ſon époux diſparoît comme l'ombre.
Orphée en vain la ſuit, & prêt à reculer ,
Du ſéjour des mortels il voudroit s'éxiler.
Il ne voit déja plus cette épouſe chérie ;
Quel coup de foudre, ô Ciel ! pour ſon ame atten-
  drie ?
Pour la rejoindre en vain il implore Caron,
Barbare Nautonier de l'avare Acheron.
Que pourroit-il du Ciel attendre de propice ,
Lorſque deux fois le ſort lui ravit Euridice ?

Nulla Venus , nullique animum flexere hy-
　　menæi.
Solus Hyperboreas glacies Tanaimque ni-
　　valem ,
Arvaque Riphæis nunquam viduata pruinis
Lustrabat, raptam Eurydicen , atque irrita Ditis
Dona querens. Spretæ Ciconum quo munere
　　matres ,
Inter sacra Deum , nocturnique Orgia Bacchi ,
Discerptum latos juvenem sparsere per agros.
Tum quoque marmorea caput à cervice re-
　　vulsum ,
Gurgite cùm medio portans Oeagrius Hebrus
Volveret, Eurydicen vox ipsa & frigida lingua,
Ah ! miseram Eurydicen , anima fugiente ,
　　vocabat :
Eurydicen toto referebant flumine ripæ.
　　Hæc Proteus : & se jactu dedit æquor in al-
　　tum ;
Quáque dedit spumantem undam sub vertice
　　torsit.
At non Cyrene ; namque ultro affata timentem,
Nate , licet tristes animo deponere curas.
Hæc omnis morbi causa : hinc miserabile
　　Nymphæ ,

Quel secours espérer de ses accents nouveaux ?
L'inéxorable Dieu des infernales eaux
Ouvre-t-il son oreille au plus tendre langage ?
La pitié n'entre point au séjour de la rage.
Mais livrée au nocher sur sa barque accouru,
Euridice a ses yeux a déja disparu.
L'ame de déséspoir nuit & jour agitée,
Du Strymon parcourant la rive inhabitée,
Il y fait retentir les antres de ses pleurs,
Et sept mois aux échos repeter ses malheurs.
Des Tigres & des Ours sa voix mélodieuse
Adoucit, & suspend la rage furieuse.
Les Chênes attentifs paroissent l'écouter,
Et déja leurs rameaux cessent de s'agiter.
Ainsi, lorsqu'un barbare arrache à Philoméle
Le fruit de ses amours élevé sous son aîle.
Cette mere plaintive en gémit, & ses sons
Exhalent sa douleur par de tristes chansons.
De sa touchante voix tout reconnoît l'empire.
Jusques dans ses rochers la nature en soupire,
Et la nuit ses accens, répandus dans les airs,
Suspendent le silence, & l'horreur des déserts.
Depuis ce jour fatal, l'amour par tous ses charmes
Ne peut du cœur d'Orphée appaiser les allarmes.
Solitaire, au milieu des plus rudes climats,
Au bord du Tanaïs précipitant ses pas,
Vagabond, il parcourt les monts de la Scithie,
Et les climats glacés de l'époux d'Orithie.
Dans ces sauvages lieux, des humains éloigné,
Le cœur gros de soupirs, de ses larmes baigné,
Il déploroit le sort de la plus tendre épouse,
Et du Dieu des enfers la vengeance jalouse.
Cependant sa froideur, qui se joint au mépris,

Cum quibus illa choros lucis agitabat in altis,
Exitium misere apibus. Tu munera supplex
Tende , petens pacem , & faciles venerare
    Napæas.
Namque dabunt veniam votis , irasque remit-
    tent.
Sed modus orandi qui sit , prius ordine dicam.
   Quatuor eximios præstanti corpore tauros ,
Qui tibi nunc viridis depascunt summa Lycæi ,
Delige , & intacta totidem cervice juvencas.
Quatuor his aras alta ad delubra Dearum
Constitue , & sacrum jugulis demitte cruorem,
Corporaque ipsa boum frondoso desere luco.
Pòst , ubi nona suos aurora ostenderit ortus ;
Inferias Orphei lethæa papavera mittes ;
Placatam Eurydicen vitulâ venerabere cæsâ ;
Et nigram mactabis ovem , lucumque revises.
   Haud mora : continuò matris præcepta fa-
    cessit ;
Ad delubra venit , monstratas excitat aras ;
Quatuor eximios præstanti corpore tauros
Ducit , & intacta totidem cervice juvencas.
Pòst , ubi nona suos aurora induxerat ortus ,
Inferias Orphei mittit , locumque revisit.
Hîc verò subitum, ac dictu mirabile monstrum

Des femmes de la Thrace irritant les esprits ;
Dans ces jours consacrés aux myſtiques yvreſſes ,
Contre lui de Bacchus souléve les Prêtreſſes ,
Qui s'armant tout à coup du Thyrſe redouté ,
Les yeux en feu, le cœur par la rage excité ,
Déchirent en lambeaux ſon corps qu'elles dis-
    perſent ,
Les champs ſont humectés du beau ſang qu'elles
    verſent ;
De ſa tête arrachée on entend les ſanglots ,
Et l'Hébre enſanglanté la roule avec ſes flots :
On entend murmurer à ſa langue expirante
Les douloureux accens d'une plainte mourante ;
Répeter tendrement ce nom, cher à l'amour ,
Euridice . . . l'écho le répéte à ſon tour.
Il ſemble à ſes regrets que Thétis s'attendriſſe ,
Et ſon rivage au loin rend le nom d'Euridice.
Protée au fond des eaux à ces mots élancé ,
Fait rejaillir ſur lui le flot qu'il a preſſé.
Cyrene alors qui voit la frayeur d'Ariſtée ,
Pour rendre le repos à ſon ame agitée :
Il eſt tems de tarir la ſource de vos pleurs.
Vous connoiſſez, mon fils, d'où naiſſent vos mal-
    heurs ,
Cet eſſain dont le ſort cauſe votre ſupplice
Fut détruit par les ſœurs compagnes d'Euridice ;
Et du céleſte bras appéſanti ſur vous ,
Vos Abeilles, mon fils, ont ſenti le courroux.
Dans le temple portez vos vœux, & pour offran-
    des ,
Quatre Taureaux parés de fleurs & de guirlandes ;
Et que par vous encor deux couples indomptés
De Géniſſes, y ſoient choiſis, & préſentés

Aspiciunt ; liquefacta boum per viscera toto
Stridere apes utero , & ruptis effervere costis ,
Immensasque trahi nubes ; jamque arbore sum-
     ma
Confluere , & lentis uvam demittere ramis.

Sur quatre autels dreſſés aux Nymphes réverées.
Faites couler le ſang des victimes ſacrées ,
Et dans les bois épais , pour ce culte ordonné ,
Laiſſez le Sacrifice aux vents abandonné.
Retournez dans neuf jours , en l'honneur d'Eu-
    ridice ,
Dans la même forêt offrir une Géniſſe ;
D'une noire Brebis il faut percer le flanc ,
Pour elle encor , mon fils , en répandre le ſang,
Il faut offrir enfin pour les manes d'Orphée ,
Les pavots conſacrés aux autels de Morphée ;
D'obeir à Cyrene Ariſtée empreſſé
Court au Temple accomplir ce quelle a pro-
    noncé.
Sur quatre Autels ſoudain chargés de leur vic-
    time ,
Il offre aux Dieux l'encens que la flâme ranime:
Et lorſque l'Univers eut vû l'aſtre du jour ,
Pour la neuvieme fois, ſur les flots de retour,
Impatient , il vole au lieu du ſacrifice
Pour appaiſer Orphée & ſa chere Euridice.
Mais quel prodige ! ô Ciel ! étonne ſes regards.
Il s'arrête : il admire , & voit de toutes parts
Des flancs de ces Taure aux , les dépouilles ſan-
    glantes
Enfanter un eſſain d'Abeilles bourdonnantes,
Qui ſoudain prend l'eſſor, vole au ſommet du bois
Sur un chêne touffu , ſe repoſe à la fois ,
Fait pancher ſes rameaux ſous cet épais nuage,
Et d'une grappe en l'air repréſente l'image.

Tandis que dans ces Vers par de foibles
    efforts
Ma Muſe de Virgile imite les accords :

32

Le front cinq fois orné des mains de la Victoire,
FREDERIC, esprit né pour tout ordre de gloire,
Roi, Juge, Citoyen, Général & Soldat,
Gouverne, pese, agit, délibere, combat;
Du Dedale des loix perce la nuit obscure,
Rend fixes de Thémis le poids & la mesure;
Des Chrétiens divisés réunit les Autels,
Regne par ses bienfaits sur le cœur des Mortels.
Protége les beaux Arts, les chérit, les conserve;
Et dans le champ de Mars, fonde un Temple
        à Minerve.

F I N.

Page 2. *Vers* 10. Ont fait pour t'égaler, *lisez* On fait
pour inventer.

ENVOI

A SON ALTESSE SERENISSIME

MADAME LA DUCHESSE

DU MAINE.

Minerve à mes Chansons a donné son suffrage;
Quelle gloire pour moi de l'avoir merité !
Sur les ailes du tems que mes Vers d'âge en âge,
Apprennent mon bonheur à la postérité.

Que les faveurs des Dieux imprimant ma devise
Sur le Marbre & l'Airain, monumens éternels,
Y consacrent mon nom par ces traits immortels:
L'Encens de Licidas , offert sur leurs Autels,
Sçut plaire a Frederic , ainsi qu'a Ludovise.

Tel le Chantre fameux dont j'imitai les airs,
Le Maître de son Art, & l'écueil de l'envie,
Fit dans Rome autrefois par ses divins concerts,
Les délices d'Auguste, & celles de Livie.

Principibus placuisse Viris non ultima laus est.
Hor. Liv. 1. Epist. 17.

Qui que tu sois Voici ton Maître ;
Il l'est, le fut, où le doit être.